CE VOLUME CONTIENT :

1°. De la Conquête de Clovis, par M. Nougarède de Fayet, Paris 1843.

2°. Antiquités gauloises, par M. Arm.d Cassan, Mantes 1835.

3°. Essai sur les écrits politiques de Christine de Pisan, par M. Raym.d Thomassy. Paris, 1838.

4°. La vie et les ouvrages de William Caxton, par M. Le Roux de Lincy, Paris 1844.

5° Souvenirs d'une visite aux ruines d'Alise et au château de Bussy Rabutin par M. Corrard de Breban, Troyes, 1833.

6° Recherches sur l'imprimerie de Troyes, par le même; Troyes, 1839.

7°. Notice sur l'établissement de l'Imprimerie dans la ville d'Aire, par M. Morand, de Boulogne s/mer, Aire, 1845.

8°. Rapport à Mr le Ministre de l'Instruction publique sur la bibliothèque de Berne, avec des notices de manuscrits, par M. Achille Jubinal, Paris 1838.

9°. Lettre de Jeanne Darc communiquée à l'académie des Sciences morales et politiques, avec une notice par Mr Berryat St Prix, Paris 1844.

(Réserve.)
2284.
Z.+gm.2.

Ⓒ

Réserve 3404-412

DE LA CONQUÊTE

ET

DE CLOVIS.

DE L'IMPRIMERIE DE CRAPELET,
RUE DE VAUGIRARD, N° 9.

DE LA CONQUÊTE ET DE CLOVIS.

PAR

AUGte NOUGARÈDE DE FAYET,

AVOCAT A LA COUR ROYALE, ANCIEN ÉLÈVE DE L'ÉCOLE POLYTECHNIQUE.

Carolo Magno.

PARIS,

LIBRAIRIE DE CHARLES GOSSELIN,

ÉDITEUR DE LA BIBLIOTHÈQUE D'ÉLITE,

RUE JACOB, N° 30.

1843.

DE LA CONQUÊTE

ET

DE CLOVIS.

CHAPITRE PREMIER.

Nous nous proposons ici de présenter quelques considérations rapides sur l'établissement des Francs dans les Gaules et sur le règne de Clovis; et peut-être ces considérations, et surtout les conséquences qui en résulteront pour le règne de ses successeurs, pourront-elles jeter quelque jour sur l'obscurité qui couvre ces premiers temps de notre histoire.

La première idée des historiens qui se sont occupés de cette grave question avait été de voir dans l'établissement des Francs une véritable invasion de barbares, avec toutes les violences et les bouleversements de la conquête (voir surtout Daniel, *Histoire de France*).

« Plus tard, les études approfondies des savants du dernier siècle sur l'état de choses existant en Gaule au moment de la conquête, les avaient conduits, au contraire, à penser que Clovis, chef des troupes employées au service des empereurs romains, revêtu de dignités romaines, s'était trouvé naturellement substitué à l'autorité des empereurs, lorsque cette autorité était venue à tomber.

Les auteurs modernes, au premier rang desquels nous devons naturellement placer MM. Thierry et Guizot, sont revenus au premier système, et remettant, comme ils le disent, dans la question, l'élément germanique, ont montré de nouveau (1) dans l'inva-

---

(1) Ce n'est pas, il est vrai, comme ayant reproduit d'anciennes idées que MM. Guizot et Thierry ont présenté leur système : et M. Thierry, dans l'exposé qu'il donne des auteurs qui l'ont précédé, se contentant de raconter les opinions bi-

sion des Francs une œuvre de violence et de dépossession.

« Une bande arrivait, dit M. Guizot (1), en « général très-peu nombreuse; les plus puis- « santes, celles qui ont fondé des royaumes, « la bande de Clovis par exemple, n'étaient

zarres qui font descendre les Francs des Troyens, et le roi Clovis du roi Priam, ou de jeter du ridicule sur l'inexactitude de Mézerai, sur la faiblesse d'Anquetil, et surtout sur les *gracieusetés* de l'abbé Velly qui raconte les *galanteries* et les *tournois* des rois barbares, ne parle point d'auteurs qui aient émis à ce sujet des idées semblables aux siennes. (Thierry, *Lettres sur l'Histoire de France*, p. 44 à 77.)

Pour juger cependant de ce qui en est à cet égard, il nous suffira de transcrire ici quelques-unes des premières phrases de l'abbé Dubos dans son discours préliminaire sur l'établissement de la Monarchie française dans les Gaules :

« Sur la foi de nos derniers historiens, dit cet écrivain, on « se représente les rois prédécesseurs de Clovis, et Clovis lui- « même, comme des barbares qui conquirent à force ouverte « les Gaules sur l'empire romain, et les Francs qui mar- « chaient sous leurs enseignes comme des peuples sauvages « qui traitèrent les malheureux habitants de ces provinces « avec toute la dureté qu'un vainqueur féroce est capable « d'exercer envers des peuples subjugués.... » (*Histoire critique de l'établissement de la Monarchie française*, tome Ier, p. 1re.)

(1) *Histoire de la Civilisation en France*, t. I, p. 297.

« guère que de cinq à six mille hommes : elles
« parcouraient rapidement un territoire, ra-
« vageaient un district, attaquaient une ville,
« et tantôt se retiraient en emmenant du bu-
« tin, tantôt s'établissaient en quelque lieu,
« soigneuses de rester réunies.

« Ces invasions, ces apparitions des bandes
« barbares avaient pour effet de détruire ;
« 1°. toute correspondance particulière, habi-
« tuelle, facile, entre les diverses parties du
« territoire ; 2°. toute sécurité ; elles brisaient
« les liens qui unissaient entre eux les habi-
« tants d'un même pays : une ville était pillée,
« un chemin rendu impraticable, un pont
« rompu, la culture des terres devenait im-
« possible, en un mot l'activité générale du
« corps social était troublée et entravée. »

Toutes ces considérations sur les effets pro-
duits par les invasions des barbares sont belles
sans doute et bien déduites, mais peut-être
resterait-il encore une chose à prouver, ce
sont ces invasions elles-mêmes : leur existence
a été révoquée en doute par les savants du dernier siècle, et bien qu'on puisse leur reprocher

avec raison d'avoir exagéré leur système, ils l'avaient du moins appuyé sur des textes assez nombreux de Procope, de Grégoire de Tours, et d'Idace, pour qu'il pût paraître nécessaire de leur opposer aussi des textes certains et positifs.

M. Guizot, il est vrai, s'en réfère sans doute à cet égard aux ouvrages de M. Augustin Thierry dont il déclare adopter les opinions, et c'est donc dans ces derniers ouvrages que nous allons essayer de discuter ses assertions.

« Si l'on veut juger dit M. Thierry, (*Lettres*
« *sur l'Histoire de France*, p. 108), de ce qu'a
« été l'invasion des Francs dans les Gaules,
« qu'on examine l'état des Gaulois après la
« conquête, qu'on voie dans le texte de la loi
« salique, la tête d'un Franc évaluée à la moitié
« de celle d'un barbare, qu'on voie, dans
« Grégoire de Tours (tom. II, chap. 12)
« Thierry, fils aîné de Clovis, pour se venger
« du complot de quelques habitants de l'Ar-
« vernie qui avaient voulu l'abandonner pour
« passer à son frère Childebert, y conduire

« ses farouches guerriers, et abandonner cette
« malheureuse province au pillage et à la dé-
« vastation.

« Qu'on voie le roi Chilpéric, lorsque don-
« nant sa fille Rigonthe en mariage au fils du
« roi des Visigoths Reccared, il voulut rendre
« son cortége plus nombreux et plus brillant,
« faire enlever les membres des principales
« familles de ses États et les enchaîner à sa
« suite comme des esclaves ; qu'on voie enfin
« les violences exercées par les ministres de
« tous les princes successeurs de Clovis, Celsus
« sous le roi Gontran, Sigo sous Theodebald,
« Protadius sous Sigebert, et tant d'autres
« de leurs favoris. »

Nous sommes loin de contester l'exactitude de ces faits, mais ils ne prouvent rien pour la question qui nous occupe : il ne s'agit pas en effet d'établir ce qui se passa sous les successeurs de Clovis, mais bien sous Clovis lui-même et au moment de la conquête : sans doute, sous ses successeurs, de nombreuses violences furent exercées, l'anarchie régna dans les Gaules ; mais on s'exposerait à une

CHAPITRE I. 7

grave erreur en voulant en tirer cette conséquence qu'il en a été de même aussi sous son règne.

Ce serait en effet une dangereuse manière d'écrire l'histoire que de croire que l'on peut ainsi à son gré transporter les faits d'une époque à ceux d'une autre époque, et juger par exemple du gouvernement d'Auguste par les horreurs du règne de Néron ou la tranquillité du règne de François Ier et de Henri II par l'anarchie qui désola la France au temps de ses fils.

Si l'on veut se rendre un compte véritable de ce qui eut lieu lors de l'établissement des Francs dans les Gaules, c'est dans les faits mêmes de cette époque et dans le règne de Clovis qu'il faut le chercher, et nous allons voir que ces faits, tout restreints et incomplets qu'ils sont, restent encore amplement suffisants pour montrer que si les Francs n'étaient que trop disposés par leur caractère à abuser de la victoire, Clovis trouva dans son génie les moyens de comprendre le besoin de l'ordre et de la modération, et dans son énergie les moyens de réprimer toutes les tentatives des Francs à cet égard.

Le premier exemple qui se présente à nous dans l'histoire de Clovis est celui du vase de Soissons ; on a cité ce trait comme une preuve du pillage commis par ses soldats et du désordre qui régnait parmi eux : du pillage, oui, sans doute c'était alors et c'est encore souvent le droit de la guerre ; mais non pas du désordre : que dit en effet Clovis à l'envoyé de l'évêque qui réclamait le vase enlevé de sa basilique ? « Suis-moi jusqu'à Soissons, « car c'est là que l'on partagera le butin ; alors « je demanderai le vase et je le remettrai dans « tes mains. » (Grégoire de Tours, traduction de M. Guizot, liv. 1, p. 106.)

Ainsi l'on voit d'abord que tout le butin fait par les soldats était rassemblé dans un même lieu pour y être partagé : or ce n'est pas là du désordre. Eh ! mon dieu, dans les plus beaux temps de la discipline romaine, c'était là précisément la règle qui était établie parmi les soldats, c'était là le serment qu'ils prêtaient en entrant sous les drapeaux.

CHAPITRE I.

« Étant arrivés à Soissons, continue Gré-
« goire de Tours, le roi s'adressant à ses sol-
« dats, leur dit : Je vous prie, mes braves guer-
« riers, donnez-moi outre ma part le vase que
« voici. Tous s'empressèrent d'accéder à ses
« désirs : Glorieux roi, lui dirent-ils, tout ce
« butin est à toi, nous-mêmes nous sommes
« soumis à ton pouvoir : fais donc ce qui te
« plaira à cet égard. Ainsi parlèrent les plus
« sages; un seul guerrier, vain et présom-
« ptueux, frappa le vase de sa francisque en
« disant : Tu ne recevras de tout ceci que ce
« que le sort t'aura donné; tous ceux qui l'en-
« touraient restèrent stupéfaits : Clovis seul
« dissimula sa colère; mais l'année suivante,
« faisant la revue de ses troupes, il vint près
« du soldat qui avait frappé le vase : Per-
« sonne, lui dit-il, n'a des armes aussi mal te-
« nues que les tiennes; ni ta lance, ni ton
« épée, ni ta hache ne sont en bon état; puis
« lui arrachant sa hache, il la jeta à terre, et
« comme le soldat se baissait pour la ramasser,
« il lui fendit la tête d'un coup de francisque :
« Voilà ajouta-t-il, ce que tu as fait au vase

« de Soissons. Celui-ci mort, il ordonna aux
« autres de se retirer. »

L'opposition du soldat de Clovis à ses volontés était stricte, mais juste, et Clovis dut la respecter : c'était une règle établie par lui-même; mais en même temps elle était une offense, et il saisit à la fois la première occasion de se venger et de punir; or il suffit de connaître le caractère et l'esprit des peuples barbares pour comprendre combien une pareille conduite devait être propre à frapper leur imagination et à assurer leur obéissance : aussi Grégoire de Tours ajoute-t-il que « cette « action inspira pour lui une grande crainte. »

Prenons un second exemple dans le récit de la guerre contre Alaric. Clovis avait donné les ordres les plus sévères pour que les biens du monastère de Saint-Martin fussent respectés, interdisant d'y prendre autre chose que de l'herbe et de l'eau; un soldat enleva le foin d'un pauvre homme, disant que le foin n'étant autre chose que de l'herbe, il n'aurait pas, par là, transgressé les ordres du roi. Le fait parvint aux oreilles de Clovis; il fit venir

CHAPITRE I.

le soldat et le frappa de sa francisque : Où sera, lui dit-il, l'espoir de la victoire si nous offensons saint Martin?

« Ce fut assez, ajoute encore Grégoire de
« Tours, pour maintenir l'armée dans le res-
« pect, et depuis lors il ne fut rien pris dans
« le pays. » (*Ibid.*)

On a contesté, il est vrai, cette autorité de Clovis sur ses soldats, et l'on a cité d'abord pour preuve le discours qu'il leur tint dans la guerre contre Alaric. « Il me déplaît, leur
« dit-il, que ces Visigoths qui sont ariens, oc-
« cupent la meilleure partie des Gaules; mar-
« chons contre eux avec l'aide de Dieu, et après
« les avoir vaincus, réduisons le pays en notre
« pouvoir (Grégoire de Tours, liv. II, p. 101.)
Il consultait ses soldats, ajoute-t-on; ceux-ci n'étaient donc pas obligés de lui obéir.

« On a cité aussi l'exemple des soldats de
« Thierry (fils aîné de Clovis) qui menacè-
« rent de le quitter, s'il refusait de les con-
« duire avec le reste des Francs contre les
« Bourguignons, et qu'il ne put retenir près de
« lui qu'en leur abandonnant le pillage de

« l'Arvernie, et surtout en leur promettant à
« plusieurs reprises qu'il leur laisserait prendre
« et ramener dans leur pays tout le butin et
« tous les hommes dont ils pourraient s'em-
« parer. » (Grégoire de Tours, liv. II, p. 121.)

Enfin, on a cité surtout le trait du roi Clotaire qui, marchant contre les Saxons, et désirant accepter les soumissions qu'ils lui offraient, fut contraint par ses soldats de livrer la bataille dans laquelle il fut complétement battu. (*Ibid.*, p. 167.)

Mais ici nous récuserons d'abord ces deux derniers exemples. Ils prouvent, en effet, que le roi Thierry et le roi Clotaire n'avaient pas sur leurs soldats le même ascendant que Clovis avait eu sur les siens; mais ils ne prouvent rien contre l'ascendant de Clovis lui-même (1).

Et il y a même plus, c'est que si l'on pouvait en tirer quelque conséquence, elle serait

---

(1) Nous prions le lecteur de ne pas se fatiguer s'il nous voit revenir plusieurs fois sur ce même raisonnement; car c'est là qu'est l'erreur : elle consiste surtout en ce qu'on a presque continuellement confondu le règne de Clovis avec celui de ses successeurs.

tout en faveur de notre système; car si Thierry, fils de Clovis, fut obligé, pour se faire suivre par ses soldats, de leur promettre qu'il leur laisserait ramener, sans distinction, tout le butin qu'ils auraient fait, c'est qu'il n'en était pas ainsi sous Clovis, et nous allons voir en effet, tout à l'heure, que Clovis avait établi à cet égard les règles les plus strictes et les plus rigoureuses.

Quant à l'allocution de Clovis à ses guerriers, elle ne prouve rien non plus par elle-même: un général d'armée peut très-bien faire part de ses projets à ses soldats pour exciter leur zèle et sans, pour cela, se soumettre à leurs volontés; c'est ce que faisait chaque année Charlemagne, dont on ne contestera pas sans doute l'ascendant sur ses soldats, et, tous les jours, un général assemble un conseil de guerre, dont la réunion n'ôte rien à son autorité.

Clovis avait, d'ailleurs, un motif de plus d'en agir ainsi: il ne commandait pas à la totalité des Francs, mais à ceux seulement de sa tribu, et, pour attirer les autres à lui dans ses diverses expéditions, il était obligé de leur faire connaître et de publier d'avance ses projets.

Au reste, si l'on veut se faire une idée exacte du caractère de Clovis et de sa conduite à l'égard de ses soldats, rien ne peut le mieux peindre que sa lettre circulaire aux évêques des Gaules, après le succès de la guerre contre Alaric.

« Vous avez appris, sans doute, » porte cette lettre, « du moins par la renommée, *les ordres*
« *que nous avons donnés à nos troupes,* lors-
« qu'elles étaient sur le point d'entrer dans
« les provinces des Visigoths, et vous avez *vu*
« *avec quelle exactitude nous les avons fait ob-*
« *server;* nous ordonnâmes alors qu'il ne fût
« fait aucune violence, ni aux églises, ni aux
« communautés des vierges, ni à aucune des
« personnes qui leur étaient attachées, et,
« dans le cas où elles auraient été entraînées
« en captivité, nous avons ordonné qu'elles
« fussent aussitôt mises en liberté, sur la
« demande de l'évêque diocésain. Pour ce qui
« regarde *les captifs laïques, qui auraient été*
« *pris portant les armes contre nous, et qui,*

« *pour cela ont été déclarés de bonne prise* (1),
« nous avons consenti que vous accordassiez
« à ceux d'entre eux à qui vous trouveriez bon
« d'en accorder, des lettres de protection, afin
« qu'à votre considération, ils fussent traités
« de leurs maîtres avec plus de douceur. Quant
« à ce qui regarde les captifs laïques qui ne
« sont pas de bonne prise, notre intention a
« toujours été qu'ils fussent mis au plus tôt
« en liberté, et de la même manière que nous
« avons réglée pour les gens appartenant aux

---

(1) Il faut remarquer à cet égard que les prisonniers faits à la guerre étaient alors regardés comme la première et la plus importante partie du butin : l'or et les bijoux se cachaient; le bétail était lent et difficile à emmener; les hommes au contraire étaient toujours là : c'était de tous les troupeaux celui qui marchait et le mieux et le plus vite ; ils avaient d'ailleurs, par suite de l'institution de l'esclavage, une valeur courante, et il était toujours aisé de s'en défaire. Aussi, comme nous l'avons déjà fait remarquer dans un autre ouvrage, ce genre de butin jouait-il toujours le plus grand rôle dans les guerres des anciens peuples : la majeure partie des campagnes de César dans les Gaules fut entreprise dans ce seul but, et ce fut surtout le prix des captifs faits à la guerre qui lui servit à enrichir ses soldats et à se faire dans Rome des créatures et des appuis. (*Migrations des anciens peuples de l'Europe*, p. 106.)

« églises; en conséquence, nous promettons
« de déférer aux lettres que vous écrirez pour
« les réclamer; mais, en même temps, mes
« officiers et mes soldats vous supplient de
« vouloir bien ne réclamer que ceux dont la
« position vous sera si bien connue que vous
« soyez prêts à en attester la vérité, en invo-
« quant le nom de Dieu. »

Pour peu qu'on veuille réfléchir à l'esprit de cette lettre, quelle habile et profonde politique s'y révèle! Quels soins à ménager les intérêts des peuples vaincus, à flatter l'amour-propre et l'autorité des évêques, et en même temps à respecter dans ses soldats ce qui était alors regardé comme le droit de la guerre, tout en les empêchant d'en abuser! Il parle dans cette lettre comme organe de ses officiers et de ses soldats; il supplie en leur nom les évêques; mais qui ne sent que c'est lui qui a tout réglé, tout ordonné, et que cette modération dont il leur fait honneur, c'est lui-même qui la leur a imposée.

Né barbare, élevé parmi des barbares, Clovis avait trouvé dans son génie les moyens de s'élever au-dessus de l'ignorance de sa nation, et de comprendre ces besoins d'ordre et de régularité qui seuls peuvent fonder un véritable empire.

Cet esprit qu'on le vit ensuite développer si glorieusement pendant tout le cours de son règne, n'avait pu manquer de se manifester dès les premiers temps de ses rapports avec les Gaulois, et c'était là ce qui lui avait concilié, d'une manière si marquée, leurs espérances et leur faveur.

On a fait à l'égard de l'invasion des Francs de grands reproches au clergé; on l'a accusé d'avoir, dans le seul intérêt de sa puissance, appelé les barbares dans les Gaules, et soumis ainsi à un joug étranger le troupeau même qui lui avait été confié.

Mais ce n'est pas ainsi que la question peut être posée; il ne s'agissait pas alors pour les Gallo-Romains de pouvoir rester libres, mais de savoir sous quel joug ils devaient tomber. La société romaine tombait alors en dissolution. Pressés d'un côté par les Visigoths dont le roi Euric aspirait à la conquête des Gaules; de l'autre par les Bourguignons qui occupaient des contrées plus rapprochées encore de leur territoire ; menacés enfin par les Francs, car on prévoyait bien que le caractère actif et entreprenant de Clovis ne se contenterait pas longtemps des États que lui avait laissés son père, les Gallo-Romains n'avaient en réalité que le choix du joug : or, les Bourguignons et les Visigoths étaient ariens ; récemment encore le roi des Visigoths, Euric, avait exercé une violente persécution contre les catholiques de ses États, et si le roi actuel des Bourguignons, Gondebaud, se montrait plus tolérant, il n'en avait pas été de même de son père Chilpéric. Les Francs, au contraire, étaient païens, et outre qu'on savait, par l'expérience de tous les temps anciens, que les païens étaient plus disposés à la tolérance (1) que les hérétiques, on avait aussi lieu d'espérer qu'ils seraient plus facilement convertis ; Clovis même don-

(1) L'histoire ancienne montre en effet, par une foule d'exemples que, pour des païens, le Dieu d'un autre peuple n'était le plus souvent qu'un Dieu nouveau à ajouter à ceux qu'ils possédaient déjà. C'est ce qu'on voit surtout dans l'histoire des Romains.

CHAPITRE I.

naît des assurances à cet égard; n'osant pas encore se convertir, il épousa la seule princesse catholique qui fût alors dans toutes les Gaules, et consentit que les enfants qu'elle lui donnerait fussent présentés par elle aux eaux du baptême.

Or, quoiqu'il soit difficile peut-être à des époques si différentes de juger quelle pouvait être alors l'influence des idées religieuses, on sent assez que la masse de la nation devait penser à cet égard comme le clergé; et en effet Procope, en parlant dans sa *Guerre des Goths* du penchant que les Gaulois manifestaient à l'égard des Francs, l'attribue, non pas seulement aux évêques, mais à la masse entière de la nation. (Procope, liv. 1, chap. 12.)

On se fait d'ailleurs généralement une idée inexacte et beaucoup trop grande de la puissance des évêques à cette époque; ils n'avaient en effet entre les mains (1) aucune portion de

---

(1) Il suffit, pour s'en assurer, de connaître quelle était alors la vie d'un évêque. « Saint Hilaire, dit M. Guizot (*Histoire* « *de la Civilisation*, t. I, p. 129) se levait de grand matin : « sitôt qu'il était levé, quiconque voulait le voir était reçu : il

la puissance civile ou militaire; toute leur influence politique consistait dans un certain droit de grâce et de protection que leur avait donné les empereurs; mais l'autorité réelle, active, appartenait aux magistrats civils, et surtout aux officiers militaires (1).

Et, dans tous les cas, si l'on veut absolument attribuer aux évêques seuls d'avoir attiré Clovis dans les Gaules, il faut leur rendre hom-

« écoutait les plaintes, accommodait les différends, faisait l'of-
« fice de juge de paix; il se rendait ensuite à l'église, célébrait
« l'office, prêchait, enseignait, quelquefois plusieurs heures
« de suite. Rentré chez lui, il prenait son repas et pendant ce
« temps on lui faisait quelque lecture pieuse, ou bien il dictait,
« et souvent le peuple entrait librement et venait écouter. Il
« travaillait aussi des mains, tantôt filant pour les pauvres,
« tantôt cultivant les terres de son église.
« La vie de saint Loup n'était pas tout à fait la même : ses
« mœurs étaient plus austères et son activité moins variée. Il
« vivait durement, et la rigidité de sa conduite, l'assiduité de
« ses prières étaient sans cesse célébrées par ses contempo-
« rains. »
(1) Aussi lorsque la conversion de Clovis, jointe à la force de ses armes, lui attira la soumission de toutes les Gaules, Procope dit expressément que ce furent les officiers des troupes romaines qui traitèrent avec lui pour les provinces qui appartenaient encore aux empereurs. (Procope, liv. II, ch. 12).

mage, et surtout à saint Remy, le principal d'entre eux, d'avoir su deviner dans le jeune guerrier franc, l'homme politique capable de fonder l'ordre d'un grand empire.

Clovis, dont la conduite en cette occasion rappellera sans doute celle d'un roi plus moderne, hésita longtemps à se convertir; il craignait par là de s'aliéner les Francs et de se trouver ainsi sans puissance et abandonné de tous. « Je t'écouterais volontiers, disait-il à « saint Remy, si ce n'est que le peuple qui me « suit ne veut pas abandonner ses dieux. » (Grégoire de Tours, liv. II, chap. 12.) Mais sitôt que le succès de la guerre contre les Allemands et le vœu qu'il avait fait au Dieu de Clotilde s'il lui faisait obtenir la victoire, eut entraîné l'esprit de ses guerriers en même temps que le sien, il se hâta d'appeler saint Remy, et de recevoir de lui le baptême.

Cet événement eut aussitôt d'immenses résultats : jusque-là les États de Clovis étaient réduits au Soissonnais, et les Gallo-Romains lui faisaient une guerre acharnée. (Procope, *ibid.*) Bientôt, soit, comme le raconte Procope, par les négociations; soit, comme l'indique Grégoire de Tours, par la force des armes, et sans doute par l'un et par l'autre, toute la portion des Gaules qui n'appartenait pas aux Bourguignons ou aux Visigoths reconnut unanimement sa suprématie.

Clovis, du reste, se montra digne de la confiance qu'on lui avait témoignée : à l'exception de quelques chefs politiques, il laissa aux Romains leurs lois et leurs magistrats; et, outre que ce fait n'a pas été contesté par les écrivains mêmes qui soutiennent un système opposé au nôtre, les canons du concile d'Orléans en 511, le prouveraient, au besoin, d'une manière suffisante.

Il est parlé, en effet, dans ces canons des lois impériales contre les adultères, les homicides et les voleurs. Les droits d'asile établis par ces lois sont maintenus et seulement réglés. « Le quatrième canon dit qu'aucun laïque « ne pourra être ordonné sans la permission « du juge du district. » Ces juges subsistaient donc, et l'on voit, par plusieurs autres passages, qu'il en était de même de la juridiction ecclésiastique établie par les empereurs.

Clovis, d'un autre côté, établit une loi sévère pour réprimer toute violence des Francs contre les vaincus. Cette loi est cette même loi salique dont parle M. Thierry (voir ci-dessus, page 5), et qui, apportée de la Germanie et estimant la tête d'un romain à la moitié de celle d'un barbare, lui semble une preuve convaincante de la violence des Francs et de leur mépris pour les Romains.

Mais quelle loi autre que la loi germaine voulait-il donc que Clovis imposât à ses soldats? sans doute elle établissait une différence entre eux et les Romains; mais outre que cette différence était suffisamment justifiée par la victoire, on sait assez combien la loi romaine elle-même accordait de priviléges aux soldats à l'égard du reste des citoyens.

D'ailleurs l'existence d'une loi contre la violence ne prouve rien par elle-même, mais seulement la manière dont elle a été exécutée. Or on a pu voir par ce que nous avons dit de la conduite de Clovis à l'égard de ses soldats, qu'il tenait à ce que ses volontés fussent scrupuleusement respectées. Aussi, loin de faire de son établissement un sujet de reproche pour Clovis, il faut avouer au contraire que par cette manière d'agir il se montrait aussi digne de régner sur des Romains civilisés qu'il s'était montré digne par sa vigueur de commander à ses soldats barbares.

C'est sans doute pour reconnaître cette conduite généreuse de Clovis à l'égard des Romains vaincus, que l'empereur d'Orient Anastase, faisant pour lui ce qu'il n'avait jamais fait pour aucun roi barbare, lui envoya la dignité de consul (1), et l'on sait d'un autre côté tout l'empressement que Clovis mit à la recevoir.

« Ce fut dans ce temps-là, dit Grégoire de

---

(1) M. Guizot, dans une note de sa traduction de Grégoire de Tours, dit que ce n'étaient que les ornements consulaires, honneur, ajoute-t-il, souvent prodigué par les empereurs aux rois barbares; mais outre que tous les historiens, Grégoire de Tours, *les Gestes des Francs,* Hincmar, Flodoard, sont unanimes à cet égard, on reconnaît dans les détails de la cérémonie racontés par Grégoire de Tours, ceux précisément qui avaient lieu lors de l'installation des consuls, et ce titre d'Auguste que Grégoire de Tours ajoute à celui de consul, achève de confirmer notre opinion.

« Tours (liv. II, chap. 38), que Clovis reçut de
« l'empereur Anastase les codicilles du consu-
« lat : il était alors à Tours ; s'étant rendu dans la
« basilique de Saint-Martin, il s'y revêtit de la
« tunique de pourpre et de la chlamyde, et,
« montant à cheval, il jeta au peuple assemblé
« devant les portes de l'église des poignées d'or
« et d'argent, et depuis ce jour il fut appelé
« consul et auguste. »

A moins de ne voir dans l'affectation de cette pompe solennelle qu'un acte de vanité ridicule et même imprudente, si opposé au caractère de Clovis, il est impossible de ne pas y reconnaître une déclaration solennelle de protection envers les Romains, et de ne pas se rappeler à cette occasion la conduite d'Alexandre-le-Grand à Babylone, lorsque, adoptant le costume et les mœurs des Perses, il semblait se déclarer hautement leur protecteur contre les violences des Macédoniens.

Au reste, ce caractère de Clovis lui était entièrement personnel et les autres rois barbares qui, nés comme lui du sang de Mérovée, commandaient au reste des Francs, se montraient

disposés à se livrer à toutes sortes de violences, et voilà pourquoi, lorsque Clovis, ayant établi parmi tous les Francs la renommée de ses victoires, eut fait périr ces rois l'un après l'autre par des embûches et par des trahisons, Grégoire de Tours, après avoir raconté le succès de ces trahisons, s'écrie : « Ainsi Dieu faisait tom-
« ber chaque jour ses ennemis sous sa main,
« parce qu'il marchait le cœur droit dans les
« voies de Dieu. »

Cette conduite de Clovis n'était peut-être pas tout à fait dans les voies de Dieu, mais elle était du moins dans celles de l'intérêt des peuples; ses crimes étaient des crimes utiles et politiques, et bien d'autres ont été justifiés à d'autres époques, qui peut-être ne méritaient pas autant de l'être.

Clovis mourut jeune, il n'avait encore que 45 ans : l'ordre qu'il avait établi suffit pour se maintenir encore après sa mort. Ses fils mineurs, car l'aîné des fils de Clotilde n'avait pas plus de 16 à 17 ans, purent recueillir et partager tranquillement son héritage; mais en même temps leur jeunesse les livra à l'influence pernicieuse des Francs, et bientôt on les vit revenir à cette violence des conquérants au-dessus de laquelle Clovis, par l'élévation de son caractère, avait su se placer; mais, nous le répétons, sous Clovis lui-même, il n'en fut pas ainsi, et les Gallo-Romains furent toujours mis par lui à l'abri de tous les abus de la conquête.

Au reste, sous son règne l'état de choses était simple: renouvelant le gouvernement des empereurs romains, il avait réparti les Francs en un petit nombre de grands cantonnements au moyen desquels il dominait le pays; du reste, à l'exception de quelques chefs politiques, il avait, comme nous l'avons vu, conservé aux diverses provinces leurs lois et leurs magistrats; elles continuaient à lui payer les mêmes tributs qu'aux empereurs et à les lever elles-mêmes, et ces tributs joints aux terres publiques dont Clovis s'était emparé et que les deshérences, et surtout les confiscations si fréquentes dans les lois romaines, rendaient très-considérables, lui servaient à récompenser ses Francs et à se les attacher.

C'est faute d'avoir bien compris les conséquences de cet état de choses et les sources de la puissance des rois francs, que nos historiens ont rendu, d'une manière si obscure, la période de la première race, et qu'un écrivain éminent qui a fait pour un autre peuple et pour une autre époque, un si brillant travail, s'est cru obligé, pour donner à celle-ci quelque intérêt, de la dépecer en quelque sorte par lambeaux dans des récits détachés des temps mérovingiens.

Prenons pour exemple la lutte célèbre entre les deux reines Frédégonde et Brunehaut : on a parlé des assassins soudoyés par Frédégonde et excités aux crimes par ses breuvages; or, des assassins peuvent bien répandre la terreur, étonner les esprits, mais ils ne peuvent fonder une puissance durable, et cependant l'histoire nous montre celle de Frédégonde assez bien assise pour survivre même à la mort de son époux et à son exil auprès de Rouen.

Les observations qui précèdent vont nous mettre à même d'en donner les raisons. Frédégonde appartenait, comme on le sait, par sa mère, à la race propre des Francs ; entourée des guerriers francs qu'elle comblait de biens, et dont elle s'était fait une sorte de cohorte prétorienne, elle écrasait toutes les provinces d'impôts, et ces impôts lui servaient à leur tour à s'assurer leur appui. Par ce moyen elle avait réuni autour d'elle une armée nombreuse et dévouée ; elle avait conquis, d'une part, sur l'Austrasie, le Soissonnais, le Poitou, la Touraine ; de l'autre, sur le roi de Bourgogne Gontran, l'Albigeois et la Saintonge ; et rappelant même le système de guerre des anciens Romains, c'étaient les populations de l'Aquitaine qui lui appartenaient qu'elle forçait à conquérir à son profit les provinces des autres rois francs (voir Grégoire de Tours). Enfin, les principaux membres du conseil d'Austrasie et de Bourgogne, soudoyés par le moyen de ces mêmes tribus, et dévoués à ses volontés, achevaient d'établir sa prééminence sur l'un et l'autre de ces deux royaumes.

Renversée du trône par la mort de son

époux Chilpérick, et quoique soupçonnée elle-même de cette mort et envoyée en exil par le roi Gontran, la reconnaissance des principaux Francs la protégea toujours contre les vengeances que ses crimes auraient pu mériter.

Brunehaut, au contraire, rattachée par sa naissance et par son éducation, au parti des Gallo-Romains, eut à lutter contre ces mêmes Francs sur lesquels s'appuyait sa rivale : tant que son époux vécut, ce parti put l'emporter sur l'autre; mais après la mort de Sigebert la lutte devint inégale; Brunehaut fut obligée, pour la soutenir, de recourir à la ruse et à la perfidie; et l'on sait même à quels indignes moyens elle eut recours pour conserver son ascendant sur ses deux petits-fils.

Vaincue enfin dans cette lutte, et livrée par les seigneurs austrasiens au fils de son implacable ennemie, tandis que Frédégonde, malgré ses crimes, mourait tranquillement dans son lit, entourée des principaux Francs, la malheureuse Brunehaut, sœur et mère de tant de rois, périt au milieu des outrages, et dans les tourments du supplice le plus affreux.

CHAPITRE II.

DU PARTAGE DES TERRES.

Les observations qui précèdent nous semblent avoir mis hors de doute la question que nous nous étions d'abord proposée, à savoir qu'il n'y eut au moment de l'invasion des Francs rien de semblable à une dépossession violente et à un partage de terres entre les vainqueurs; toutefois, comme MM. Thierry et Guizot ont fait de ce partage un des fondements de leurs systèmes, nous croyons devoir y revenir; les observations que nous aurons à présenter à ce sujet auront d'ailleurs cet avantage de nous conduire à résoudre d'une manière simple et en peu de mots l'importante question des fiefs.

« Les premiers alleux, dit M. Guizot dans « ses *Essais sur l'histoire de France* (p. 84.), « furent les terres prises, occupées ou reçues

« en partage par les Francs au moment de la
« conquête; le mot *alod* ne permet guère d'en
« douter : il vient du mot *loos*, sort, d'où sont
« venus une foule de mots dans les langues
« d'origine germanique, et en français les mots
« *lot, loterie*, etc.

« On trouve dans l'histoire des Bourgui-
« gnons, des Visigoths, etc., la trace positive
« de ce partage des terres allouées aux vain-
« queurs : ces peuples, y est-il dit, prirent les
« deux tiers des terres..... Ces terres sont ap-
« pelées par leurs lois : *sortes Burgundionum*,
« *sortes Gothorum*, etc.

« On ne rencontre dans l'histoire des Francs
« aucune indication formelle d'un partage
« semblable, mais on voit partout que le butin
« était tiré au sort entre les guerriers, et ce
« qui prouve qu'on n'en agit pas autrement
« quant aux terres, c'est qu'un manoir, *man-*
« *sus*, s'appelait originairement *loos*, sort. »
(Anton, *Histoire de l'agriculture allemande*,
en allemand.)

Mais d'abord il semble, et nous avons déjà
eu l'occasion de le remarquer, que M. Guizot,

en émettant ainsi des idées contraires au système soutenu par les savants du dernier siècle et appuyé par eux sur des autorités considérables, aurati dû peut-être alléguer aussi des autorités réelles et positives, car nous ne pouvons admettre sérieusement comme telle, relativement à des faits qui se sont passés au cinquième siècle, celle de M. Anton (*Histoire de l'agriculture allemande*, en allemand.

Et si maintenant nous examinons les assertions de M. Guizot, puisque à défaut de documents nous sommes réduits à examiner ses assertions, nous avons peine, nous l'avouons, à comprendre par quel procédé d'étymologie il a pu faire sortir le mot *alod* du mot *loos*, avec lequel il n'a rien de commun à cet égard, ni surtout comment il a pu répondre aux opinions unanimes des écrivains, parmi lesquels nous citerons surtout M. Thierry (*Lettres*, etc., p. 124), qui tous font dériver le mot *alod* des deux mots allemands *al* qui signifie *tout*, et *od* qui signifie *bien*, littéralement, *toute propriété*.

Et ce n'est pas ici une simple querelle de

mots, car le mot *loos,* tel que l'entend M. Guizot, emporte nécessairement l'idée d'un partage et lui-même en tire cette conséquence, tandis que le mot *toute propriété*, peut très-bien s'accorder, comme nous le verrons tout à l'heure, avec l'absence de tout partage et de toute dépossession.

« Le butin, dit M. Guizot, était tiré au sort « entre les guerriers; donc il en était de même « des terres; » comme si dans aucun temps et chez aucun peuple le partage des immeubles a pu être mis sur la même ligne, et assimilé nécessairement au partage d'objets mobiliers, que l'on peut réunir aisément dans un même lieu, et répartir en quelque sorte de la main à la main.

Il est vrai que l'auteur allègue une preuve à cet égard : « et ce qui le prouve, ajoute-t-il, « c'est qu'un manoir, *mansus*, s'appelait origi-« nairement *loos*, sort; » mais avec un semblable mode de preuves, il n'y a pas de système en histoire qu'on ne pût se charger de prouver. Quoi! parce qu'un manoir, *mansus*, s'appelait originairement *loos,* sort (ce qui déjà n'est pas bien établi), il y a eu, au moment de la conquête des Francs, un partage des terres aussi bien que du butin, et les Gaulois ont été violemment expulsés de leurs domaines, pour faire place à la domination des vainqueurs! En vérité, s'il s'agissait d'un écrivain dont les paroles eussent moins d'autorité que celles de M. Guizot, nous n'aurions pas, nous l'avouons, osé discuter un semblable argument, ni même le relever.

Continuons : « L'histoire ne donne aucune « indication formelle d'un partage de terres « entre les Francs, mais il y en a eu un parmi les « Visigoths et les Bourguignons; donc il doit « y en avoir eu aussi un autre parmi les Francs, « seulement il a dû être irrégulier. »

Mais d'abord nous ferons remarquer que transporter ainsi les faits d'un peuple à ceux d'un autre peuple, ce n'est pas raconter l'histoire, c'est la créer; et dans tous les cas, pour qu'on pût à la rigueur en agir ainsi, il faudrait que les conditions dans lesquelles ces deux peuples se sont trouvés fussent exactement et identiquement les mêmes : or, les Visigoths étaient venus s'établir dans les Gaules en vertu d'une concession des empereurs et malgré les populations; les Francs au contraire, comme nous venons de le voir, et comme le dit Procope (liv. 1, chap. 12), avaient traité avec elles.

Les Visigoths d'ailleurs étaient venus en corps de nation, avec leurs femmes et leurs enfants; et un historien justement estimé, M. Fauriel, évalue leur nombre à deux cent mille têtes (1); ils pouvaient donc s'étendre sans inconvénient, et ils étaient même obligés de le faire; les Francs, au contraire, qui ne formaient, comme le dit M. Guizot, que de simples bandes militaires, se trouvaient dans l'obligation de rester réunis.

Et comment, en effet, auraient-ils pu se diviser? en admettant même, avec M. Guizot, que c'étaient les différents chefs qui s'établissaient sur divers points du territoire avec un certain nombre des leurs, que seraient devenus les Francs dispersés ainsi par petits

---

(1) *Histoire de la Gaule méridionale*, t. I, p. 115.

CHAPITRE II. 37.

corps de cent ou deux cents hommes? comment auraient-ils pu communiquer entre eux, et se réunir à leur volonté ? que serait, d'ailleurs, devenue, au centre du royaume, la puissance des rois francs, réduits eux-mêmes à un petit nombre de ce qu'on appelait leurs fidèles ?

Que si l'on voulait, suivant le système des savants du dernier siècle, regarder Clovis en quelque sorte comme le successeur et l'héritier des empereurs romains, nous concevrions à la rigueur qu'il en eût pu être ainsi; mais, précisément, on veut y voir tous les effets de la violence et de la conquête; or, la violence ne peut s'expliquer et se soutenir que par une force toujours présente et toujours réunie.

D'ailleurs, on a remarqué, et avec raison, que les Francs, à l'exemple des autres barbares, recherchaient surtout les jouissances sensuelles; or, comment auraient-ils pu se les procurer dans les campagnes? comment auraient-ils pu y faire transporter commodément les vivres, les vins et les autres choses dont ils étaient avides ? Quelles routes, quels moyens de transport y avait-il ? toutes ces choses au contraire affluaient dans l'intérieur des villes. C'était donc là que naturellement ils devaient les chercher et les trouver.

On a dit, il est vrai, que, d'après Tacite, les Germains n'aimaient pas l'habitation des villes (Thierry, *Récits des temps mérovingiens*, I, 227). Mais d'abord Tacite n'a pu dire et n'a rien dit en effet de semblable, car les Germains n'avaient pas de villes, et c'est, du reste, précisément ce que porte la phrase de Tacite à laquelle M. Thierry se réfère. « Il est assez connu, porte cette phrase, que les Germains n'ont point de villes; » (traduction de Dureau de la Malle); et même, ajoute l'auteur des *Mœurs des Germains*, dont cette seconde phrase explique la pensée, « ce qu'on peut ap-
« peler leurs villages est composé de maisons
« isolées les unes des autres, soit par crainte du
« feu, soit par ignorance de l'art de bâtir (1). »

---

(1) « Nullas Germanorum populis urbes habitari satis no-
« tum est, ne pati quidem inter se junctas sedes... vicos co-
« lunt... sed non cohærentibus ædificiis sive adversus casus
« ignis remedium sive inscitiâ ædificandi. » Le mot *habitari*

CHAPITRE II. 39

Et dans tous les cas, alors même que Tacite eût donné à sa phrase le sens qu'on lui attribue, il ne serait pas possible d'appliquer aux Francs, vivant depuis plusieurs siècles sur les bords du Rhin et en communication continuelle avec les Romains, ce qu'il dit quatre siècles auparavant, des Germains enfermés dans le fond de leurs forêts.

Nous profiterons même de cette occasion pour faire à cet égard une observation plus générale: on a voulu retrouver chez les Francs, conquérants des Gaules, toutes les institutions des Germains dont parle Tacite, notamment celle des leudes ou des fidèles : c'était, comme on le sait, des guerriers qui s'attachaient à un chef illustre pour le suivre dans les expéditions qu'il avait proposées, et qui, lui servant à le défendre en temps de guerre, et à augmenter son cortége pendant la paix, recevaient de lui, en récompense, des armes et des chevaux (Tacite, *Mœurs des Germains,* ch. 15 et suiv.).

---

a évidemment ici le sens que lui a donné M. Dureau de la Malle.

Mais pour que les leudes ou fidèles fussent restés encore au temps de la conquête ce qu'ils étaient du temps de Tacite, il faudrait qu'il en eût été aussi de même des chefs. Or, à l'époque dont nous parlons et même longtemps auparavant, il ne restait plus rien de ces chefs, qu'on choisissait pour une seule expédition et qu'on suivait ou qu'on quittait à sa volonté : ils avaient été remplacés par des rois permanents, qu'on pouvait, il est vrai, choisir parmi les membres d'une même famille, mais qu'on devait suivre toujours une fois choisis (1).

Dès lors les rapports entre les chefs et le reste des guerriers avaient dû nécessairement changer : les rois étaient devenus d'une manière permanente les dispensateurs des grâces et des récompenses, et c'était vers eux que tous les regards s'étaient tournés. Aussi, dans le

---

(1) Ce changement comme nous l'avons dit ailleurs (*Migrations des anciens peuples*, p. 106), avait eu pour cause les relations politiques suivies que les Francs s'étaient trouvés obligés d'avoir avec les Romains depuis leur établissement sur les bords du Rhin, et que ne pouvaient pas entretenir des chefs nommés à chaque expédition.

CHAPITRE II. 41

temps de la conquête, le mot seul de leudes était encore conservé sans qu'il fût presque rien resté de ce qu'il signifiait d'abord, et ce mot fut même bientôt remplacé par celui d'*optimates*, grands, qui exprimait bien plus exactement le changement qui s'était opéré.

Revenons au partage des terres et à la dispersion des Francs, et, sans nous livrer davantage à des conjectures, remarquons que les faits sont là pour montrer que cette dispersion n'a pas eu lieu : en effet, d'après les auteurs mêmes que nous avons cités, les Francs étaient répartis par grands cantonnements à Metz, à Soissons, à Paris, à Orléans; et ce furent même ces grands cantonnements qui firent la base des partages entre les rois francs à chaque changement de règne.

CHAPITRE III.

DES FIEFS.

Mais, dira-t-on, s'il n'y a pas eu, au moment de la conquête, un partage des terres, comment pourra-t-on expliquer la distinction qui existe entre les terres allodiales et bénéficiaires, en d'autres termes comment pourra-t-on établir pour cette époque l'importante question des fiefs?

D'une manière très-simple; d'abord à cette époque il n'y eut point de fiefs, dans le sens du moins qu'on attribue d'ordinaire à ce mot, c'est-à-dire de terres concédées sous la condition de redevance du service militaire.

Et à cet égard rappelons en peu de mots ce qui existait chez les Romains au moment de la conquête de Clovis : outre les contributions qui étaient assises d'une manière générale sur les diverses provinces et que ces provinces

CHAPITRE III.

levaient elles-mêmes (1), le gouvernement romain avait encore à sa disposition, comme biens de l'État, une très-grande quantité de terres, qui s'augmentaient même chaque jour par suite des déshérences, de la caducité des legs et surtout des confiscations très-fréquentes dans les lois romaines; les rois francs, comme nous l'avons dit, s'emparèrent de toutes ces terres; puis, lorsqu'ils étaient contents des services d'un de leurs guerriers, ils lui donnaient en récompense une portion de ces terres soit viagèrement et sous la condition de retour, soit, mais bien plus rarement, d'une manière définitive et en toute propriété; de là le nom de *beneficium, bienfait,* attribué à ces dons et qu'il faut réduire en effet à son sens naturel (2).

(1) On sait que les diverses provinces de l'empire romain se gouvernaient elles-mêmes et par des magistrats qu'elles élisaient, sous la simple surveillance des gouverneurs impériaux.

(2) *Feod,* d'où sont venus les noms de fiefs et de féodalité, est le mot de la langue germaine correspondant à *beneficium,* et opposé également au mot *al od.*

Maintenant par suite de cet état de choses, il devenait nécessaire de discerner ces terres, dont on n'avait la propriété que d'une manière temporaire et incomplète, des terres dont on était propriétaire à titre de patrimoine ou de toute autre manière définitive, et c'est de là que vint la distinction entre les terres bénéficiaires et allodiales, ce dernier mot, comme on vient de le voir, signifiant littéralement toute propriété.

Quant à ce qui constitue proprement un fief, c'est-à-dire la condition de redevance du service militaire, rien de semblable n'existait et ne pouvait exister alors. Comment en effet serait-il venu à l'idée de Clovis de stipuler pour ses Francs, dans les dons qu'il leur faisait, l'obligation du service militaire, lorsque tous indistinctement étaient astreints à ce service? Le service militaire tenait en effet alors à la personne et il ne serait pas plus juste de penser que Clovis ait pu donner des bénéfices à cette condition, qu'il ne le serait de croire que l'empereur Napoléon, lorsqu'il donnait des terres en récompense à ses généraux, ait pu songer à leur imposer en échange l'obligation de le servir dans ses armées.

Le changement de cet état de choses s'opéra sous Charlemagne. Charlemagne eut besoin pour toutes ses guerres de renouveler sans cesse ses armées (1); il eut besoin surtout de les emmener au loin et pour de longues campagnes (2): il fut donc obligé aussi de les organiser sur des bases toutes nouvelles et plus étendues; d'ailleurs, les obligations personnelles du service militaire s'étaient perdues au milieu des révolutions et de l'anarchie qui avait désolé la Gaule pendant les guerres de la lutte de l'Austrasie contre la Neustrie.

Dans cette organisation nouvelle, Charlemagne dut prendre et prit en effet pour base les ressources pécuniaires de chaque individu, et comme, dans un temps où il n'y avait ni

---

(1) Ce fut sans doute le mécontentement de ses expéditions continuelles et les rigueurs qui en furent la suite, qui amenèrent ces conspirations contre la personne de Charlemagne, dont Eginhard parle sans en expliquer le motif.

(2) Il fit le premier des campagnes d'hiver d'une manière suivie.

industrie ni commerce, la propriété des terres était véritablement la seule fortune, ces ressources furent naturellement assises sur cette propriété.

Distinguant ensuite les deux genres de propriétés de terres alors existantes, c'est-à-dire les propriétés allodiales et les propriétés bénéficiaires, il régla d'abord que les possesseurs de bénéfices, qui étaient, par conséquent, devenus tels par la libéralité des rois, seraient les premiers astreints au service militaire et à toute espèce de service. Quant aux autres, qui étaient propriétaires par eux-mêmes et pour qui les rois n'avaient rien fait, il ne les y astreignit que suivant certaines conditions de temps ou de lieu (1).

Ce service devait se faire sous les comtes et sous les autres officiers militaires que Charlemagne avait établis dans les provinces, et sous son règne même, il n'y eut pas, à proprement parler, de féodalité. La féodalité naquit lorsque,

(1) *Capit. Car. Mag. ap. Baluz.* T. Ier, p. 494 et suiv.; aucun historien n'a reconnu cet esprit des institutions militaires de Charlemagne.

sous ses successeurs, les comtes et les autres officiers des provinces étant devenus souverains et en quelque sorte propriétaires des comtés qu'ils gouvernaient, s'attribuèrent à eux-mêmes ces redevances de service militaire qui étaient dues au souverain, et qu'à leur exemple, l'usage s'établit de concéder des terres sous cette condition. Mais, nous le répétons, sous Clovis et ses premiers successeurs il n'exista rien de semblable, et le service militaire était dû par la personne et indépendamment de toute espèce de propriété.

Et voilà pourquoi l'on ne trouve dans les historiens de l'époque mérovingienne aucune trace d'un semblable état de choses; si laconiques et si incomplets qu'ils soient, il serait impossible qu'il n'en eût rien percé dans leurs écrits : qu'on prenne les chroniques des successeurs de Charlemagne, la féodalité s'y manifeste à chaque pas, soit, pour ce qui concerne les monuments législatifs, dans les capitulaires des rois; soit, pour ce qui concerne les événements historiques, dans les convocations de guerre, dans les violences des seigneurs, dans leurs guerres entre eux : c'est avec leurs hommes d'armes qu'ils se combattent les uns les autres et qu'ils oppriment les populations.

Au temps des Mérovingiens, rien de semblable : s'il y a une convocation de guerre, elle regarde tous les Francs comme Francs; puis, lorsque les Gallo-Romains furent appelés également à servir dans les armées sous les rois descendants de Clovis, sur tous les hommes libres de chaque province, ceux de la Touraine, ceux du Poitou, dit Grégoire de Tours (1), et s'il est alors et très-souvent même question de violences de la part des hommes puissants, ce n'est pas avec leurs hommes d'armes, c'est avec leurs esclaves qu'ils les commettent (Voir Grégoire de Tours).

Aussi lorsque, cherchant cette fois des autorités à l'appui de son opinion, M. Guizot a voulu citer des textes à cet égard, aussi malheureux, à ce qu'il paraît, lorsqu'il cite que

---

(1) Turoucnses, Pictavenses.

lorsqu'il ne cite pas, il n'a pu trouver à alléguer que les capitulaires de Charlemagne ou ceux de ses successeurs. Or, si les documents d'une époque postérieure peuvent quelquefois servir à expliquer les institutions d'une époque précédente, ils ne peuvent du moins suffire à les fonder, et il ne serait pas plus possible de venir, sous prétexte de l'insuffisance des documents, appliquer au règne de Clovis les institutions de Charlemagne, qu'il ne le serait d'appliquer au règne de Charlemagne les établissements de Philippe-Auguste ou de Saint-Louis.

CHAPITRE IV.

RÉVOLUTION CARLOVINGIENNE.

Après avoir ainsi tracé d'une manière rapide ce qui concerne l'établissement des Francs dans les Gaules, nous allons dire encore quelques mots des deux révolutions qui suivirent : l'une, pour l'établissement de la dynastie de Charlemagne ; l'autre, pour le renversement de cette dynastie et l'avénement de Hugues-Capet. La première a été regardée comme une seconde conquête des Francs neustriens par les Francs austrasiens ; la seconde, comme une réaction soit des Francs contre les Francs, soit du peuple romain contre les conquérants.

« Sous Clovis et sous ses fils, » dit M. Thierry (*Lettres*, p. 167), « toute la confédération
« franke parut ne former qu'un même peuple ;
« mais, malgré les apparences d'union, un

CHAPITRE IV.   51

« vieil esprit de nationalité, et même de riva-
« lité, divisait les deux principales tribus des
« conquérants des Gaules, séparées d'ailleurs
« par quelques différences de lois, de mœurs, et
« peut-être de langage : les Franks orientaux,
« placés à l'extrême limite de l'empire gallo-
« franc, servant de barrière à cet empire
« contre les agressions réitérées des peuples de
« la Germanie, nourrissaient, au milieu d'oc-
« cupations guerrières, le désir de l'indépen-
« dance, et même de la domination politique,
« à l'égard de leurs frères du sud.... Cette riva-
« lité produisit des guerres civiles, qui se pro-
« longèrent pendant tout le viie siècle, et
« enfin, au commencement du viiie, la réac-
« tion s'accomplit par un changement de dy-
« nastie qui transporta la domination des
« Saliskes aux Ripewares et la royauté des
« Mérowings aux Karolings.

« Dans cette lutte des tribus frankes de
« l'Orient contre celles de l'Occident et du
« Sud, il était impossible que les premières ne
« prévalussent pas à la longue, et que le siége du
« gouvernement ne fût pas un jour transporté

« des bords de la Seine sur ceux de la Meuse
« ou du Rhin. En effet, la population orien-
« tale n'était pas clair-semée, comme l'autre,
« au milieu des Gallo-Romains; incessamment
« grossie par les émigrés de la Germanie,
« elle formait une masse plus compacte et
« moins énervée par l'exemple des mœurs ro-
« maines (1). »

(1) M. Guizot, dans ses *Essais*, p. 80, avait d'abord adopté la même opinion, mais il l'abandonna ensuite dans son *Histoire de la Civilisation* (tome II), et assigna alors à la révolution carlovingienne d'autres causes, qui font l'objet de sa dix-neuvième leçon : autant que nous l'avons pu comprendre au milieu de la richesse d'imagination déployée par l'écrivain, et qui le rend si souvent en quelque sorte insaisissable, il nous a paru que ces nouvelles causes n'étaient autres que les premières mises sous une forme un peu différente, et que seulement il attribuait aux grands d'Austrasie et à leur esprit plus guerrier que celui des grands de Neustrie, ce qu'il avait d'abord attribué aux masses entières des populations. Il est vrai qu'il y ajoute des considérations étendues sur l'état d'anarchie de l'un et l'autre des deux royaumes et sur la puissance des papes; or, nous avons peine, nous l'avouons, à comprendre comment l'anarchie plus ou moins grande des deux royaumes, surtout comment la puissance des papes à Rome, ont pu avoir pour conséquence d'établir plutôt la supériorité des Francs austrasiens sur les Francs neustriens, que celle des Neustriens sur les Austrasiens.

CHAPITRE IV.

Mais d'abord, quant à ce qui concerne la rivalité des deux peuples de Neustrie et d'Austrasie comme cause de la conquête de l'un sur l'autre, nous ne savons pas pourquoi l'on a voulu assigner aux événements de ces époques des causes et des conditions toutes différentes de celles des autres époques, et en faire ainsi pour ainsi dire une sorte d'histoire à part.

Une longue lutte divisa la France et l'Angleterre aux XIIIe et XIVe siècles : était-ce donc la rivalité nationale qui l'avait produite, et n'était-ce pas plutôt le désir de se rendre maître des riches provinces de la Normandie, de la Saintonge et de la Guyenne; des haines nationales purent s'ensuivre; mais elles ne furent pas la cause première et le motif de ces guerres prolongées.

Eh bien! il en fut de même pour les Francs; leurs querelles vinrent de la possession des provinces de l'Aquitaine que se disputèrent entre eux les successeurs de Clovis; la rivalité de la Neustrie et de l'Austrasie naquit avec ces deux royaumes, lorsque la mort du roi Charibert, l'un des petits-fils de Clovis, livra son héritage en discorde à l'avidité de ses trois frères ; ils se le disputèrent avec fureur, s'enlevèrent réciproquement l'un à l'autre la Touraine, le Poitou, la Saintonge, et ce fut la possession de ces riches provinces, et non pas la rivalité des races, qui engendra ces guerres terribles qui ne finirent que par la chute de la Neustrie.

Quant au succès de la lutte, fondé sur ce que la barbarie s'était mieux maintenue parmi les Francs d'Orient que parmi ceux de l'Occident, nous pourrions d'abord, en étendant le même raisonnement aux Germains d'outre-Rhin, nous demander comment ces derniers n'ont pas, à plus forte raison, conquis les Francs d'Orient.

Les Neustriens, nous dit-on, étaient déchus de leur ancienne vigueur, mais pourquoi? la guerre n'avait-elle pas toujours subsisté entre eux et les Austrasiens? En fait, et M. Guizot le reconnaît dans ses *Essais*, page 80, la prédominance appartint toujours au royaume de Neustrie.

Et cela se conçoit, car les Neustriens avaient

pour eux un sol bien plus étendu, bien plus peuplé, bien plus riche; tout le bassin de la Seine, tout le Soissonnais, tout le pays de Cambrai et de Tournai, sans compter les provinces du Sud, lui appartenaient; et quoiqu'il n'en fût pas alors comme aujourd'hui à cet égard, l'argent mettait dès lors un grand poids dans la balance de la guerre.

Dans l'Austrasie, au contraire, il n'y avait de véritablement riche et peuplé que le nord et le sud de la forêt des Ardennes.

Aussi, comme l'histoire est là pour le prouver, les Neustriens eurent toujours la supériorité sur les Austrasiens ; Frédégonde l'emporta sur Brunehaut; Clotaire, Dagobert, regardèrent toujours la Neustrie comme le siége et le fondement de leur puissance; Ébroin lui-même, quoique simple maire du palais de Neustrie, et n'ayant pas l'autorité des rois, emporta toujours la victoire tant que les grands de ce royaume ne s'unirent pas contre lui aux Austrasiens, et si les Neustriens perdirent enfin cette supériorité, et furent écrasés sans retour, c'est qu'il se trouva, parmi les Austrasiens, une suite de grands capitaines et d'habiles politiques, tels que la nature n'en produit d'ordinaire qu'à de longs intervalles : Pépin d'Héristal, Charles-Martel, Pépin-le-Bref, Charlemagne; ce furent eux et nullement les masses qui achevèrent d'établir la prééminence des Austrasiens.

Rien n'est plus propre sans doute à flatter les penchants populaires que de chercher, dans le caractère et les penchants des masses, la cause des grands événements politiques; mais il ne faut pas cependant sacrifier à ce point de vue l'intérêt de la vérité historique, en annulant complétement l'influence des hommes supérieurs.

Personne ne conteste, par exemple, qu'au temps de Philippe et d'Alexandre-le-Grand, les Macédoniens ne fussent bien plus belliqueux et plus aguerris que les Perses, et cependant il ne peut venir à l'idée de personne de penser qu'ils fussent allés conquérir la Perse, et établir à Babylone le siége de leur empire, s'ils n'y eussent été conduits par Alexandre-le-Grand.

Les Français de même, que personne n'est plus disposé que nous à regarder comme le premier peuple du monde et le plus brave, n'auraient pas sans doute, au xviie siècle, tenu tête à tout le continent, ni parcouru, au nôtre, toutes les capitales de l'Europe, sans succomber qu'au nombre et à l'épuisement, s'ils n'eussent été gouvernés à ces deux époques par Louis XIV et par Napoléon.

Eh bien! il en est de même des Francs: si l'Austrasie l'emporta enfin sur la Neustrie, si elle la conquit en quelque sorte, c'est qu'elle eut successivement à sa tête Charles-Martel, Pépin-le-Bref et Charlemagne : Charles-Martel fit la conquête, Pépin-le-Bref la consolida, et Charlemagne l'organisa; voilà en trois mots, et sans aller plus loin, toute l'histoire de la révolution carlovingienne.

CHAPITRE V.

RÉVOLUTION CAPÉTIENNE.

Venons enfin à la révolution qui plaça Hugues-Capet sur le trône : M. Thierry qui, comme il en convient lui-même dans un de ses ouvrages (*Dix ans d'études historiques.*), a cherché dans la conquête l'explication de la plupart des phénomènes historiques, a attribué cette révolution de Hugues-Capet à la réaction des races vaincues contre les races conquérantes.

« L'exclusion de la race de Karl-le-Grand,
« dit-il, fut, à proprement parler, la fin du
« règne des Franks et la substitution d'une
« royauté nationale au gouvernement fondé
« par la conquête. Cette race de Karl-le-Grand,
« race toute germanique, et se rattachant par
« le lien des souvenirs et les affections de pa-

« renté aux pays de langue tudesque, ne pou-
« vait être regardée par les populations que
« comme un obstacle à leur indépendance :
« l'idiome de la conquête, tombé en désuétude
« dans les châteaux des seigneurs, s'était con-
« servé dans la maison royale, et cette particu-
« larité de mœurs lui donnait une physiono-
« mie étrangère qui blessait le peuple et l'in-
« quiétait, non sans raison, sur la durée de
« son indépendance.

« La suprématie des Germains sur tout l'oc-
« cident n'existait plus : mais elle était rempla-
« cée par des prétentions politiques qui pou-
« vaient aisément servir de prétexte à de nou-
« velles invasions, et qui menaçaient surtout la
« France comme voisine et ensuite comme se-
« conde patrie des Franks : l'instinct de la con-
« servation devait donc conduire à rompre
« entièrement avec les puissances teutoniques,
« et à leur ôter pour jamais tout moyen de
« s'immiscer dans les affaires de la France. Ce
« ne fut point par caprice, mais par politique,
« que les seigneurs du nord de la Gaule, Franks
« d'origine, mais attachés à l'intérêt du pays,

« violèrent le serment prêté jadis par leurs
« aïeux à la famille des Pépins, et firent sacrer
« roi à Compiègne un homme de descendance
« saxonne (1). »

Et ici encore nous retrouvons ce penchant
des historiens modernes à chercher pour

---

(1) M. Guizot, dans son *Histoire de la Civilisation*, tome II, page 446, adopte, mais seulement en partie, ces causes de la révolution capétienne.

« C'est plutôt, dit-il, dans l'esprit des hommes et dans les
« relations sociales de cette époque, qu'il faut chercher les
« véritables causes de cette révolution. Or, l'état moral et
« social des peuples à cette époque répugnait à tout gouverne-
« ment unique et étendu, les hommes avaient peu d'idées et
« des idées fort courtes; les relations sociales étaient rares et
« étroites, l'horizon de la pensée et celui de la vie étaient
« extrêmement bornés : à de telles conditions une grande
« société est impossible. »

Nous livrons ces observations sur les causes de la révolution capétienne à l'intelligence du lecteur, et nous ferons seulement remarquer qu'il y a quelque chose de bizarre à venir parler d'horizon borné, et de relations sociales rares et étroites, au moment même où l'auteur vient de nous faire assister au magnifique développement matériel et intellectuel du règne de Charlemagne, et de nous montrer les relations et le commerce rétablis par terre et par mer entre les deux bouts de l'orient et de l'occident, et les lettres et les sciences renaissant de toutes parts.

l'époque dont nous nous occupons des causes et des motifs à part, penchant qui a tant obscurci les commencements de notre histoire.

Et qu'est-ce en effet que la révolution capétienne, sinon le succès de la lutte des gouverneurs de province contre le souverain, lutte perpétuelle, et qu'on retrouve presqu'à toutes les époques de notre histoire : sans cesse sous Philippe-Auguste, sous Saint-Louis, sous Louis XI, en un mot, sous la plupart de nos rois, les gouverneurs de province ont cherché à attirer à eux l'autorité, à s'emparer des revenus, à s'attribuer le commandement militaire, et ils y ont en effet réussi toutes les fois que la main du souverain n'a pas été assez ferme pour les maintenir dans l'obéissance.

Sully, dans ses *Mémoires* (t. V, p. 124), raconte qu'en 1587 les seigneurs français se réunirent pour venir demander à Henri IV d'ériger en souverainetés leurs gouvernements, c'est-à-dire de faire pour eux ce que Charles-le-Chauve, petit-fils de Charlemagne, avait été obligé de faire pour les seigneurs de son temps par le capitulaire de Quercy-sur-Oise.

Et cependant l'on ne peut pas prétendre qu'il y eût alors ni conquête ni réaction contre la conquête. Et, du reste, il n'y en avait pas davantage lorsque Louis-le-Gros et Philippe-Auguste luttaient contre les grands vassaux, ni lorsque l'imprudence de Saint-Louis ayant rétabli la féodalité à peine détruite par des apanages aux membres de sa famille, Charles V et ses successeurs, jusqu'à François Ier, furent obligés de combattre contre cette nouvelle forme de la féodalité.

La véritable cause de la chute des Carlovingiens, c'est la cause simple, naturelle, celle qu'on a donnée de tous temps, la faiblesse de tous les successeurs de Charlemagne; et de même qu'une admirable suite d'hommes éminents avait fondé la grandeur de cette race, de même une suite d'hommes faibles et sans énergie finit par la laisser perdre.

Et comment en effet ce qui a pu subsister sous Louis-le-Débonnaire, sous Charles-le-Chauve, sous Louis-le-Bègue n'eût-il pas pu subsister encore, pour peu qu'une main plus ferme fût venue de temps en temps relever l'ascendant de l'autorité royale, et n'était-il pas plus facile aux rois successeurs de Charlemagne de conserver alors ce qui existait, qu'il ne le fut depuis à Louis-le-Gros, à Philippe-Auguste et à Saint-Louis, de reconstituer l'édifice une fois détruit?

Et qu'on voie aussi, en s'écartant de ces causes naturelles, dans quel vague d'idées M. Thierry a dû nécessairement tomber; qu'est-ce que *ces prétentions politiques des peuples germains, qui menaçaient la France? et ce droit de conquête sur lequel elles étaient fondées?* Pourquoi donc la France n'avait-elle pas alors autant de droit à conquérir la Germanie que la Germanie à conquérir la France?

Si ce droit prétendu, et il faut convenir que le mot de droit est ici singulièrement placé, était une suite de la conquête, ce n'était pas à la France ou à la Germanie qu'il devait appartenir, mais à l'Austrasie (devenue la Lorraine), qui les avait conquises l'une et l'autre.

Mais laissons cette discussion devenue inutile et arrivons à l'examen d'une dernière assertion de M. Thierry, qui a par elle-même peu d'importance, mais qui peut servir à montrer à quel point des esprits éminents peuvent se laisser entraîner par les exigences d'un système préconçu, au delà de toutes les bornes de la vraisemblance. Dans sa préoccupation de la conquête, et de la réaction contre la conquête, M. Thierry va jusqu'à prétendre qu'à la cour de tous les rois carlovingiens, on parlait une langue différente de celle de la nation.

« L'idiome de la conquête, dit-il, tombé en
« désuétude dans les châteaux des seigneurs,
« s'était conservé dans la maison royale, et
« cette particularité de mœurs entretenait la
« haine nationale contre la race des conqué-
« rants. (1) »

Mais qu'entend-il par cette expression de

---

(1) M. Guizot reproduit cette opinion de M. Thierry, mais sans l'examiner et en citant simplement le passage que nous venons de relater plus haut. (*Histoire de la Civilisation*, T. II, p. 446.)

CHAPITRE V. 65

maison royale et de quoi pouvait-elle se composer? comment comprendre d'ailleurs que tous les rois carlovingiens aient pu parler successivement une langue différente de celle de leurs officiers militaires et des gouverneurs de leurs provinces?

Que cela ait existé sous Charlemagne dont c'était la langue naturelle, sous Louis-le-Débonnaire qui, quoique ayant fait presque constamment sa résidence de la France, avait cependant sous son autorité les peuples de la Germanie, on le conçoit; mais comment comprendre que cet état de choses ait pu continuer après la séparation des deux États de France et de Germanie? comment Charles-le-Chauve, élevé dans l'Aquitaine, n'ayant jamais quitté la France, aurait-il pu parler habituellement la langue des Germains?

On voit par les récits de Nithard sur les guerres civiles des fils de Louis-le-Débonnaire, que Charles-le-Chauve, n'ayant qu'une autorité précaire sur les seigneurs du nord de la Gaule, fut obligé, pour obtenir leur secours, d'avoir recours aux supplications : était-ce donc un puissant moyen de les attirer à lui que de se servir habituellement de la langue de leurs ennemis et des siens?

Et ce que nous disons ici de Charles-le-Chauve, nous le dirons également de son fils Louis-le-Bègue, des fils de ce dernier, de tous leurs successeurs : l'autorité s'était relâchée, il est vrai, de la part du roi sur les grands vassaux; mais il y avait encore entre eux de nombreux rapports, et précisément parce que les rois étaient plus dépendants d'eux, ils devaient craindre davantage de les blesser.

Et quels sont maintenant les arguments sur lesquels M. Thierry a pu appuyer une opinion si manifestement contraire à la nature des choses? ils sont au nombre de deux :

Le premier est une pièce de vers composée en l'honneur du roi Louis, fils de Louis-le-Bègue, après une victoire remportée sur les Normands, près de Seulcour en Vimeu. Voici les quatre premiers vers de cette pièce :

>   Je connais un Roi,
>   Son nom est le seigneur Ludwig,
>   Qui sert Dieu volontiers
>   Parce que Dieu l'en récompense, etc.

CHAPITRE V.

« Donc, dit M. Thierry, les descendants des
« empereurs francs se faisaient honneur de
« comprendre la langue de leurs ancêtres, et
« accueillaient avec empressement les pièces
« de vers composées par les poëtes d'outre-
« Rhin. » D'abord, dans tous les cas, il ne
s'agirait que d'une seule pièce, et rien n'indique d'ailleurs qu'elle ait été présentée au roi
Louis : trouvée, sans titre, dans un monastère de Saint-Amand en Belgique, rien, ni
dans son texte, ni dans les circonstances qui
ont accompagné sa découverte, ne donne lieu
de croire qu'il en ait eu connaissance; et il
est à présumer qu'elle n'a été autre chose que
l'expression ignorée de la reconnaissance d'un
moine, dont sa victoire avait sauvé le monastère.

Le second argument de M. Thierry présente au premier abord quelque chose de plus
spécieux; mais on va voir qu'il ne repose cependant que sur une phrase mal entendue de
la chronique de Flodoard.

Cet historien dit, en effet, que le roi Louis-
d'Outremer, opprimé par Hugues-le-Grand,

duc de France, ayant porté ses plaintes à Othon, roi de Germanie, et, comme lui, descendant de Charlemagne, ce dernier assembla les évêques en concile à Engelheim, pour juger le différend du roi et de son vassal (948), et il ajoute, « qu'une lettre du pape, écrite en « latin, ayant été adressée à ce concile, elle « fut, pour l'intelligence des deux rois, tra-« duite en langue tudesque (1). »

Mais tout ce qu'on peut conclure de cette phrase, c'est que les deux rois n'entendaient pas le latin et entendaient le tudesque, et cela n'est pas étonnant, car Louis-d'Outremer, réfugié dès son bas âge en Angleterre, pendant la prison de son père Charles-le-Simple, près de son aïeul maternel Ethelred-le-Saxon, et n'étant revenu en France qu'à l'âge de seize ans, devait nécessairement savoir la langue saxonne aussi bien que le roi de Germanie.

Mais en tirer cette conséquence, que tous les prédécesseurs de Louis-d'Outremer, depuis,

---

(1) « Post quarum litterarum recitationem et earum, propter « reges, in teotiscam linguam interpretationem... » (*Flod. Chron. ap. script. rer. francic.*, T. VIII, p. 205.)

Charlemagne, ont parlé habituellement la langue des Saxons, c'est évidemment donner à la phrase de Flodoard une conséquence fausse et exagérée.

Laissons donc, encore une fois, ces causes particulières, applicables seulement à certaines époques, et qui, en les rendant moins comparables avec le reste de l'histoire, la rendent, par cela même, moins intéressante et moins instructive.

FIN.

TABLE.

CHAPITRE PREMIER.

DE LA CONQUÊTE ET DE CLOVIS............... Page 1

CHAPITRE II.

Du Partage des Terres.......................... 31

CHAPITRE III.

Des Fiefs..................................... 42

CHAPITRE IV.

Révolution Carlovingienne..................... 50

CHAPITRE V.

Révolution Capétienne 58

www.ingramcontent.com/pod-product-compliance
Lightning Source LLC
LaVergne TN
LVHW051456090426
835512LV00010B/2178